AF359617

ANNUAIRE

DE LA

R.. □.. ECOSSAISE CHAPITRALE ET AREOPAGITE

DES

ELEVES DE LA NATURE,

CONSTITUEE SOUS LE N°. 10, A L'O.·. DES CAYES
(REPUBLIQUE D'HAYTI),

PAR LE SUPREME CONSEIL,

Pour la France, des PP.·. SS.·. GG.·. II.·. GG.·. du 33e. et dernier degré du Rit Écossais ancien et accepté, le 24e. jour de la lune de Jiar, l'an de la V.·. L.·. 5822 (15 mai 1822 ère vulg.·.)

POUR L'AN DE LA V.·. L.·. 5834.

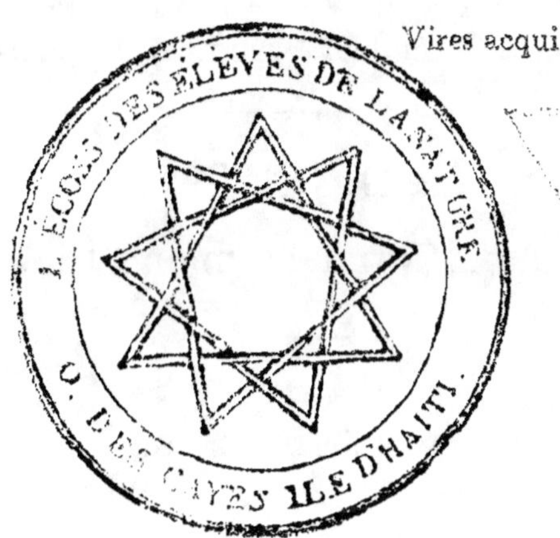

O.·. DES CAYES.

11e. mois 5833.

PRINCIPES DU RIT

Proclamés par le Sup∴ Cons∴ de France.

"La Maçonnerie, connue sous la dénomination d'Art Royal, est une association d'hommes réunis dans la vue de se rendre utiles à leurs semblables, considérés individuellement.

"Le but exclusif de l'association maçonnique est l'étude de la philosophie, la propagation de la morale, et l'exercice de la bienfaisance.

"Tout Maçon doit nécessairement être un homme religieux, fidèle à son gouvernement, dévoué à sa patrie, et soumis aux lois.

"Il est expressément interdit de provoquer ou d'entamer en loge, des discussions politiques ou religieuses. Les travaux maçonniques cessent de droit dès qu'il s'élève des discussions de cette nature.

"Toute société secrète qui s'occupe de spéculations politiques ou religieuses, est, par ce fait, étrangère à l'association maçonnique, et même en opposition avec ses principes."

(Art. 23 du Décret du 12e. jour du 5e. mois 5822.)

PRÉCEPTES

Recommandés par la même Puissance.

L'union fortifie.

La tolérance resserre les liens de la fraternité, que l'esprit de domination tend à rompre.

La fermeté dans les principes et la modération sont les moyens les plus sûrs de résister à la persécution et de la vaincre.

Les devoirs les plus essentiels des maçons se rattachent à l'exercice d'une bienfaisance active et éclairée.

(Art. 66 du Décret du 15e. jour du 4e. mois 5827.)

ANNUAIRE

DE LA

R∴ □∴ ECOSSAISE CHAPITRALE ET AREOPAGITE

DES

ELEVES DE LA NATURE.

TABLEAU

Des Grands Officiers de l'Ordre.

GRAND PROTECTEUR DE L'ORDRE EN HAYTI.

T∴ Ill∴ F∴ S. E. Jean-Pierre BOYER, Président d'Haïti.

GRAND COMMANDEUR ad vitam DU SUP∴ CONS∴

T∴ Ill∴ et T∴ P∴ F∴ Duc de CHOISEUL, 33e. Degré.

GRAND COMMANDEUR HONORAIRE.

T∴ Ill∴ et T∴ P∴ F∴ Comte MURAIRE, 33e. deg∴

LIEUTENANT GRAND COMMANDEUR.

T∴ Ill∴ et P∴ F∴ Baron FRÉTEAU de PÉNI, 33e. deg∴

REPRESENTANT DU SUPREME CONSEIL.

T∴ Ill∴ et P∴ F∴ Henri Dupont FRANKLIN, 33e. deg∴
Second Lieutenant Grand Commandeur Honoraire du Suprême
Conseil Uni, pour l'Hémisphère Occidental, et son Grand Re-
présentant et Député en l'O∴ d'Haïti et des îles voisines, etc.

DEPUTES PRES LA GRANDE LOGE CENTRALE.

T∴ Ill∴ et P∴ F∴ Général JUBÉ, 33e. d∴ (pour la □∴)

T∴ Ill∴ et P∴ F∴ SÉTIER, 33e. d∴ Trésorier du St.
Empire (pour le Chap∴ et l'Aréop∴)

TABLEAU

Des Membres d'Honneur.

VÉNÉRABLE D'HONNEUR.

2 * — T.·. Ill.·. et P.·. F.·. Nicolas-Denis LAFARGUE, administrateur de finances, né aux Cayes, le 18 avril 1775, 33e. d.·. membre honoraire du Suprême Conseil Uni, pour l'Hémisphère Occidental. Installateur de la R.·. ⊏⊐.·.

MEMBRES D'HONNEUR.

1 — T.·. Ill.·. et T.·. P.·. F.·. ROUME DE SAINT-LAURENT (Marie-Antoine-Nicolas-Alexandre-Robert Jachim de Ste. Rose), né à Ste. Lucie de Santa-Fé de Bogota, le 21 janvier 1774, 33e. d.·. Souv.·. Grand Commandeur adjoint *ad vitam* du Suprême Conseil Uni, pour l'Hémisphère Occidental, et son Super-Grand Représentant et Député Général sur les deux hémisphères, membre honoraire du Suprême Conseil de France, et son Grand Représentant en Amérique.

33 — T.·. Ill.·. et P.·. F.·. Henri Dupont FRANKLIN, avocat, né le 30 juillet 1793, 33e. deg.·. *ut suprà*. Fondateur.

3 — T.·. Ill.·. et P.·. F.·. Antoine DECOUR, greffier du tribunal civil des Cayes, né à la Guadeloupe, le 13 février 1787, 33e. d.·. membre honoraire du Suprême Conseil Uni, pour l'Hémisphère Occidental. Fond.·.

101 — T.·. Ill.·. et P.·. F.·. LEBLANC DE MARCONNAY (Hyacinthe-Poirier), jurisconsulte, né à Paris, le 20 janvier 1794, 33e. d.·. membre actif du Suprême Conseil Uni, pour l'Hémisphère Occidental.

---

* Numéros de la MATRICE de la Loge.

TABLEAU

Des Officiers Dignitaires en exercice

le 27e. jour du 10e. mois 5822.

LES RESPECTES FF.∴

HALL, 18e. degré.	Vénérable Titulaire.
LETELLIER, 18e. d.∴	Premier Surveillant.
MASSIEU, M.∴	Second Surveillant.
LAUDUN, 30e. d.∴	Ex-Vénérable.
BERRYER, 32e. d.∴	Orateur.
PILORGE, 18e. d.∴	Secrétaire.
BOZE, M.∴	Trésorier.
DASQUE, 30e. d.∴	Premier Expert.
SALGUES, M.∴	Second Expert.
PILORGE, 18e. d.∴	Garde des Sceaux et Archives.
JASON, M.∴	Hospitalier.
DUCOSTE, 18e. d.∴	1er. Maître des Cérémonies.
DURET, M.∴	2e. Maître des Cérémonies.
DASQUE, 30e. d.∴	Architecte-Vérificateur.
DUROCHER, 30e. d.∴	Maître des Banquets.
LAGROUE, M.∴	Premier Diacre.
DOUYON, M.∴	Second Diacre.
TRICHET, M.∴	Porte-Étendart.
GABRIEL, M.∴	Porte-Épée.
GAYAU, M.∴	Garde du Temple.

ADJOINTS.

DUPONT, M.∴	A l'Orateur.
CASTEL, 18e. degré.	Au Secrétaire.
REDOUET, M.∴	Au Trésorier.
BARJON, M.∴	Au Maître des Banquets.

COMMISSION ADMINISTRATIVE.

HALL , 18e. d.·.   Président.

BUTEAU , 30e. d.·.
LETELLIER , 18e. d.·.
CASTEL , 18e. d.·.
MASSIEU , M.·.   Membres.
GAYAU , M.·.
DURET , M.·.
ARMAND , M.·.
FABRE , M.·.

FF.·. SERVANTS.

32 — Valère COQ, maître d'armes, né à la Guadeloupe, en 1770, App.·.

86 — François-Joseph JOZILE, pressier à l'imprimerie nationale, né aux Cayes, le 15 août 1806, App.·.

TABLEAU

Des Membres Actifs.

FF∴ RESIDANTS.

2 — Guillaume-Laurent DUROCHER , employé de douane, né aux Cayes , le 4 avril 1794 , 30e. d∴ F∴

15 — Gabriel JASON , commerçant, né à la Guadeloupe, le 29 juin 1750 , M∴ F∴

21 — Pierre-Paul MARSAN , capitaine d'infanterie, né à la Martinique , le 24 mars 1783 , M∴ F∴

14 — Émile DASQUE , juge-suppléant au tribunal de paix des Cayes, né à Torbeck , le 24 août 1788 , 30e. d∴ F∴

24 — Jean-Pierre DELINCE , propriétaire , né aux Cayes, le 18 juillet 1797 , M∴ F∴

10 — Nicolas-Joseph BUTEAU, employé d'administration, né aux Cayes , le 16 février 1796 , 30e. d∴ Initié le 15 mars 1823.

19 — Jean LEBRETON de SALLEFRANQUE, commerçant, né au Cap-Haïtien , le 12 avril 1797 , M∴ Initié le 3 mai 1823.

30 — Jean-Baptiste-Prosper FAURE , ébéniste, né aux Cayes, le 19 janvier 1788 , M∴ Initié le 1er. juin 1824.

31 — Bazile GABRIEL , orfèvre, né aux Cayes , en 1788 , M∴ Initié le 1er. décembre 1824.

50 — Honoré LETELLIER , commerçant, né à Honfleur (France), le 1er. janvier 1796, 18e. d∴ Initié le 1er. octobre 1826.

54 — Alcé-André LAUDUN , directeur de l'imprimerie nationale, né aux Cayes , le 25 décembre 1796 , 30e. d∴ Initié le 15 février 1827.

57 — François LAGROUE , distillateur , né aux Cayes , en octobre 1788, M∴ Initié le 1er. février 1828.

58 — Joseph-Nicolas GAYAU, commerçant, né à Miragôane, au 1797 , M∴ Initié le 20 juillet 1828.

59 — François-Édouard HALL , membre du conseil de notables, né aux Cayes , le 3 septembre 1799, 18e. d∴ Initié le 14 août 1828.

60 — Charles-Duverseau TRICHET, commerçant, né aux Cayes , le 10 septembre 1802 , M∴ Initié le 15 août 1828.

62 — Louis-Hyacinthe-Jean-Marie BONJOUR , employé d'administration , né aux Cayes , le 16 septembre 1803 , M∴ Initié le 15 novembre 1828.

64 — Justin PILORGE, préposé d'administration à Torbeck , né aux Cayes , le 4 janvier 1797 , 18e. d∴ Initié le 1er. août 1829.

65 — Maximilien DUCOSTE , employé d'administration , né aux Cayes , le 24 janvier 1805, 18e. d∴ Initié le 1er. août 1829.

67 — Auguste-Gaspard BOZE , commerçant , né à Léogane, le 13 février 1798 , M∴ Initié le 28 octobre 1829.

70 — Jean-Baptiste ADRIEN, ancien officier d'infanterie, né aux Cayes, le 4 avril 1785 , Comp.∴ Initié le 20 avril 1830.

74 — Pierre ANNOUAL , marchand chapelier , né à Castres (France), le 7 avril 1801 , M∴ Initié le 30 septembre 1830.

75 — Louis-Durcé ARMAND , notaire à Torbeck , né aux Cayes , le 30 mars 1804 , M∴ Initié le 30 septembre 1830.

77 — Vital DOUYON, huissier-audiencier, né au Port-Salut, le 19 mars 1792 , M∴ Initié le 1er. décembre 1830.

78 — Guillaume-Nicolas FABRE GEFFRARD, officier de gendarmerie, né à l'Anse-à-Veau, le 7 septembre 1806 , M∴ Initié le 15 février 1831.

79 — Jean-Baptiste FABRE , militaire , né à l'Anse-à-Veau , le 6 février 1810 , M∴ Initié le 15 février 1831.

80 — Joseph-Marie SALGUES , commerçant, né aux Cayes, le 27 octobre 1793 , M∴ Initié le 15 mars 1831.

83 — Joseph-Rémi CASTEL , commerçant, né à Cube , le 2 novembre 1807 , 18e. d∴ Initié le 15 juillet 1831.

87 — Jean DURET , commerçant, né à Santo-Domingo , le 1er. novembre 1802 , M∴ Initié le 25 décembre 1831.

88 — Pierre-Guillard BARJON , commerçant , né à Tiburon , le 6 juillet 1810 , M.·. Initié le 25 décembre 1831.

91 — Pierre-Bertrand MASSIEU , employé d'administration, né aux Cayes , le 1er. décembre 1807 , M.·. Affilié le 1er. avril 1832.

92 — Mathias-Duval DUPONT , substitut du commissaire du gouvernement , né au Petit-Gôave , le 13 septembre 1793 , M.·. Initié le 11 décembre 1832.

93 — Joseph-Bernard BEDOUET , membre du conseil de notables , né à Cavaillon , le 15 septembre 1796 , M.·. Initié le 11 décembre 1832.

95 — Michel GORNAIL-LACROIX , commerçant , né au Port-au-Prince, le 24 mai 1804. Comp.·. Initié le 1er. mai 1833.

96 — Jean-Jacques-Émanuel POLICARD , directeur particulier de l'enregistrement , né aux Cayes , le 28 février 1809 , Comp.·. Initié le 16 septembre 1833.

98 — Paul BARTHE , marchand chapelier , né à Castres (France) , le 16 mai 1798 , App.·. Initié le 10 novembre 1833.

99 — Narcott-D'Esterre ROBERTS , négociant , né à Cork (Irlande) , le 14 décembre 1800 , App.·. Initié le 10 novembre 1833.

100 — Manuel GARCIA, curé de la paroisse de Torbeck , né à Alcobendas (Espagne), le 23 mars 1801, M.·. Affilié le 24 novembre 1833.

108 — Joseph-Nicolas GELLÉE , commerçant , né aux Cayes, le 17 juillet 1807 , App.·. Initié le 22 décembre 1833.

***

FF.·. NON-RESIDANTS.

29 — Isaac BOUZON , commerçant , né aux Cayes , le 27 octobre 1794 , demeurant à Bani , M.·. Fond.·. En congé.

7 — Pierre-Désiré DAIGREMONT , homme de lettres , demeurant à Paris , M.·. Affilié le 15 avril 1824. En congé.

45 — Élie DUPUCH , armurier , résidant à Porto-Rico , M∴ Affilié le 15 septembre 1825.

55 — Louis TESSONO , notaire aux Côteaux , né aux Cayes , le   1781 , M∴ Initié le   juin 1827. En congé.

61 — Joseph VILLOTE , officier du génie militaire , né à Saint-Louis-du-Sud , le 28 juin 1796 , demeurant à St.-Louis , M∴ Initié le 24 septembre 1828.

68 — Jean-François ROQUIROL , membre de la chambre des représentants des communes , né aux Cayes , le 23 janvier 1801 , demeurant aux Côteaux , App∴ Initié le 1er. novembre 1829.

73 — Pierre POMMEYRAC , peintre en miniature , né à Porto-Rico , en 1808 , demeurant à la Nouvelle-Orléans , M∴ Affilié le 15 juillet 1830.

84 — Pierre-Alexandre PELLERIN-RINCHERE , directeur de l'école nationale à St.-Marc , né à St.-Marc , le 30 mars 1805, 18e. degré. Initié le 15 juillet 1831.

94 — Jean-François MUSSOTTE , capitaine d'infanterie , né à Léogane , le   , demeurant à Santo-Domingo , 30e. degré. Affilié le 4 janvier 1833.

97 — Honoré FÉRY , trésorier particulier à Jérémie , né aux Cayes , le 27 septembre 1796 , M∴ Affilié le 15 octobre 1833.

TABLEAU

Des Membres Honoraires.

LES ILL∴ ET RR∴ FF∴

41 — Pierre-Émile BERRYER, commerçant, né à Châlons-sur-Marne (France), le 29 mars 1797, 32e. degré, membre honoraire de la section consistoriale du Suprême Conseil Uni, pour l'Hémisphère Occidental, et son Député G∴ Insp∴ G∴ et Représ∴ pour la partie du Sud d'Haïti. Affilié le 27 décembre 1822.

42 — Hypolite BAILLIO, commerçant, né à Paris, le 8 décembre 1799, 18e. degré. Affilié le 27 décembre 1822.

43 — Charles HÉRARD, chef de bataillon d'artillerie, né au Port-Salut, le 20 septembre 1789, 18e. d∴ Affilié 27 décembre 1822.

85 — Frédéric-Théodore CERFBERR, consul de France au Cap-Haïtien, né à Strasbourg, le   18e d∴ Affilié le 20 décembre 1831.

90 — Jacques PRATT, commerçant, né à Jérémie, le   M∴ Affilié le 30 décembre 1831.

102 — Théodore GODAIN, chimiste, né à Chauny, département de l'Aisne (France), 30e. d∴ Affilié le 24 novembre 1838.

TABLEAU

Des FF∴ Affiliés libres.

---

37 — BANDIROLA, artiste, né à Voghera (Italie), en 1787, 4e. deg∴ Fond∴

38 — Daniel REARDON, armurier, né en Angleterre, en 1780, 13e. d∴ F∴

39 — James SMITH, marin, né en Angleterre, en 1783, 18e. d∴ F∴

89 — Pierre-Jonathas GRANVILLE, officier du génie militaire, né au Port-de-Paix, en 1785, M∴ Affilié le 27 décembre 1831.

103 — Marie-Auguste DESANLIS, avocat, né à Paris, 18e. d∴ Affilié le 24 novembre 1833.

104 — CLAVERIE, négociant, domicilié à Paris, 30e. d∴ Affilié le 24 novembre 1833.

105 — Guillaume-François GOSSE, artiste-peintre, né à Paris, 31e. d∴ Affilié le 24 novembre 1833.

106 — Félix GRAFF, ex-militaire, 30e. d∴ Affilié le 24 novembre 1833.

107 — Saint-Aubin RICARDAT, médecin, 31e. d∴ Affilié le 24 novembre 1835.

TABLEAU

Des Membres des Loges de *Past-Master* et de *Mark-Master*, annexées à la R∴ Loge.

LES TT∴ RR∴ FF∴

1 — Hypolite BAILLIO, P∴ M∴, M∴ M∴

4 — Henri Dupont FRANKLIN, P∴ M∴, M∴ M∴

5 — Nicolas-Denis LAFARGUE, P∴ M∴, M∴ M∴

6 — François-Édouard HALL, P∴ M∴, M∴ M∴

8 — Alcé-André LAUDUN, P∴ M∴, M∴ M∴

9 — Guillaume-Laurent DUROCHER, P∴ M∴, M∴ M∴

10 — Nicolas-Joseph BUTEAU, P∴ M∴, M∴ M∴

11 — Émile DASQUE, P∴ M∴, M∴ M∴

13 — Jacques PRATT, P∴ M∴, M∴ M∴

14 — Pierre-Alexandre PELLERIN-RINCHERE, P∴ M∴ M∴ M∴

15 — Auguste-Gaspard BOZE, P∴ M∴, **M∴** M∴

16 — Justin PILORGE, P∴ M∴, M∴ M∴

17 — Joseph-Remi CASTEL, P∴ M∴, M∴ M∴

18 — Pierre-Émile BERRYER, P∴ M∴, M∴ M∴

19 — Antoine DECOUR, P∴ M∴, M∴ M∴

20 — Jean DURET, M∴ M∴

21 — François LAGROUE, M∴ M∴

22 — Pierre-Bertrand MASSIEU, M∴ M∴

23 — Maximilien DUCOSTE, M∴ M∴

24 — Joseph-Nicolas GAYAU, M∴ M∴

25 — Guillaume-Nicolas Fabre GEFFRARD, M∴ M∴
26 — Louis-Durcé ARMAND, M∴ M∴

Certifié les Tableaux ci-dessus :

Le Vénérable Tit∴,

Vu par nous Orateur   Par Mandement de la R∴ □ ∴,
de la R∴ □ ∴   Le Secrét∴, G∴ des Sceaux,

TABLEAU

DES MEMBRES DU SOUV.·. CHAPITRE

DES

SS.·. PP.·. R.·.-C.·. DE KILWINING ET D'HEREDOM, 18e. D.·.,

SOUS LE TITRE DISTINCTIF DE

LA CONSTANCE EPROUVEE.

Officiers Dignitaires,

élus pour l'an de la V.·. L.·. 5834.

LES PP.·. CHEV.·.

Nicolas-Denis LAFARGUE (*Aménité*), 33e. d.·., Très-Sage Athersatha. — S.·.

Alcé-André LAUDUN (*Droiture*), 30e. d.·., 1er. G.·. G.·. D.·. L.·. T.·. — F.·.

Pierre-Émile BERRYER (*Philantropie*), 32e. d.·., 2e. G.·. G.·. D.·. L.·. T.·. — B.·.

Antoine DECOUR (*Modestie*), 33e. d.·., G.·. Chev.·. d'éloquence.

Nicolas-Joseph BUTEAU (*Persévérance*), 30e. d.·., G.·. Maître des Dépêches.

Émile DASQUE (*Exactitude*), 30e. d.·., G.·. Expert. — A.·.

Guillaume-Laurent DUROCHER (*Tolérance*), 30e. d.·., G.·. Chev.·. Gardien du Trésor.

Honoré LETELLIER (*Confiance*), 18e. d.˙.˙., G.˙.˙. Chev.˙.˙. Eléémosinaire.

Justin PILORGE (*Équité*), 18e. d.˙.˙., G.˙.˙. Maître des Cérémonies.

Nicolas-Joseph BUTEAU , *ut suprà*, G.˙.˙. Garde des Sceaux et Archives.

Edouard HALL (*Bonté*), 18e. d.˙.˙., G.˙.˙. Maître des Agapes.

ADJOINT.

Joseph-Remi CASTEL (*Vigilance*), 18e. d.˙.˙., Adj.˙.˙. au G.˙.˙. Maître des dépêches.

MEMBRES ACTIFS.

Hypolite BAILLIO (*Fermeté*), 18e. d.˙.˙.

Jean-François MUSOTTE (*Discrétion*), 30e. d.˙.˙.

Pierre-Alexandre PELLERIN-RINCHERE (*Dévoûment*), 18e. d.˙.˙.

Maximilien DUCOSTE (*Douceur*), 18e. d.˙.˙.

CHEV.˙.˙. MEMB.˙.˙. D'HONNEUR.

Roume de SAINT-LAURENT , 33e. d.˙.˙.

Henri Dupont FRANKLIN (*Vérité*), 33e. d.˙.˙.

Leblanc de MARCONNAY (*Zèle*), 33e. d.˙.˙.

CHEV.˙.˙. MEMB.˙.˙. HONORAIRE.

Théodore GODAIN (*Sensibilité*), 30e. d.˙.˙.

CHEV.˙.˙. AFFILIES LIBRES.

Marie-Auguste DESANLIS (   ), 18e. d.˙.˙.

CLAVERIE (   ), 30e. d.˙.˙.

Guillaume-François GOSSE (*Obligeance*), 31e. d∴

Félix GRAFF (*Bienfaisance*), 30e. d∴

Saint-Aubin RICARDAT (   ), 31e. d∴

Certifié conforme :

Le T∴ S∴ Ath∴,

33.

Vu par nous G∴   Par mandement du S∴ Chap∴

Chev∴ d'Éloquence ,   Le G∴ M∴ des Dépêches ,

G∴ G∴ des Sceaux ,

33∴   30e

TABLEAU

DES MEMBRES DU SUBL∴ ARÉOPAGE

DES

GGG∴ EEE∴ Chev∴ KADOSCH, 30e. degré,

SOUS LE TITRE DES

MAGES DU TROPIQUE.

Composition du Grand Conseil
des C∴ K∴ H∴

LES GGG∴ CHEV∴

Nicolas-Denis LAFARGUE, 33e. deg∴, Grand-Maître, Chef de l'Ordre.

Antoine DECOUR, 33e. deg∴, Grand-Vicaire Magistral.

Pierre-Émile BERRYER, 32e. degré, Grand-Prévôt Magistral.

Alcé-André LAUDUN, 30e. deg∴, Chancelier, Secrét∴ Magistral.

Jean-François MUSSOTTE, 30e. deg∴, Grand Ministre de l'Ordre.

Nicolas-Joseph BUTEAU, 30e. deg∴, Grand Maréchal du Palais.

Guillaume-Laurent DUROCHER, 30e. d∴, Grand Trésorier et Grand Aumônier-Hospitalier.

Émile DASQUE, 30e. deg∴, Grand Échanson et Chev∴ Serv∴ d'armes.

GGG∴ CHEV∴ MEMB∴ D'HONNEUR.

ROUME DE SAINT-LAURENT , 33e. deg∴
Henri DUPONT FRANKLIN , 33e. deg∴
LEBLANC DE MARCONNAY , 33e. deg∴

G∴ CHEV∴ MEMB∴ HONORAIRE.

Théodore GODAIN , 30e. deg∴

GGG∴ CHEV∴ AFFILIES LIBRES.

CLAVERIE , 30e. deg∴
Guillaume-François GOSSE , 31e. d∴
Félix GRAFF , 30e. d∴
Saint-Aubin RICARDAT , 31e. d∴

Certifié véritable∴

Le Souv∴ Grand-Maître, Chef de l'Ordre ,

Par exprès commandement :

Le Chancelier , Secrétaire Magistral ,

TABLEAU

DES ATEL∴ AFFILIES

ET DE LA CORRESPONDANCE.

R∴ ☐∴ DE LA CLEMENTE AMITIE (Rit écos∴ anc∴ et acc∴), O∴ de Paris.

Vén∴ , le F∴ DESANLIS , 18e. d∴.

SOUV∴ CHAPITRE des SS∴ PP∴ Rose-Croix de Kilw∴ et d'Héréd∴ 18e. deg∴ du rit , établi près la R∴ L∴ de la Clémente Amitié , Vall∴ de Paris.

T∴ S∴ Ath∴ , SINOT , 30e. deg∴.

SUBL∴ AREOPAGE des G∴ E∴ Chev∴ K∴ H∴ , 30e. deg∴, annexé à la R∴ L∴ de la Clémente Amitié , V∴ de Paris.

G∴ Maît∴ , Chef de l'Ordre , SINOT , 30e. d∴.

Grand-Représentant de ces trois Ateliers près ceux des Élèves de la Nature.

Le T∴ Ill∴ F∴ LEBLANC DE MARCONNAY , 33e. d∴.

Substitut de ce Grand-Représentant.

Le T∴ Ill∴ F∴ Nicolas-Denis LAFARGUE , 33e. d∴.

Grand-Représentant des trois Ateliers des Élèves de la Nature, près ceux de la Clémente Amitié.

Le T∴ Ill∴ F∴ Henri DUPONT FRANKLIN , 33e. d∴.

Substitut de ce Grand-Représentant.

Le T∴ Hon∴ F∴ Théodore GODAIN , 30e. d∴.

MEMORIAL

DES TRAVAUX DES ATELIERS

DES ELEVES DE LA NATURE,

Pour l'année *embolismique* 5834.

———

1er. mois — NISAN (11 *mars* 1834).

Loge — 5e. Nisan (15 mars).

— 22e. Nisan (1er. avril).

Chapitre — 17e. Nisan (27 mars).

— 20e. Nisan (30 mars).

Aréopage — 11e. Nisan (21 mars).

2e. mois — JIAR (9 *avril*).

Loge — 7e. Jiar (15 avril).

— 23e. Jiar (1er. mai).

3e. mois — SIVAN (9 *mai*).

Loge — 7e. Sivan (15 mai).

— 24e. Sivan (1er. juin).

Chap∴ — 10e. Sivan (18 mai).

4e. mois — THAMOUZ (7 *juin*).

Loge — 9e. Thamouz (15 juin).

— 25e. Thamouz (1er. juillet).

Aréop∴ — 15e. Thamouz (21 juin).

5e. mois — AB (7 *juillet*).

Loge — 9e. Ab (15 juillet).

Loge — 26e. Ab (1er. août).

6e. *mois* — ELOUL (5 *août*).

Loge — 11e. Eloul (15 août).

— 28e. Eloul (1er. septembre).

7e. *mois* — THISCHRI (4 *septembre*).

Loge — 12e. Thischri (15 septembre).

— 28e. Thischri (1er. octobre).

Aréop.·. — 20e. Thischri (23 septembre).

8e. *mois* — MARHHESCHVAN (3 *octobre*)

Loge — 13e. Marhheschvan (15 octobre).

— 30e. Marhheschvan (1er. novembre).

Chap.·. — 30e. Marhheschvan (1er. novembre).

9e. *mois* — CHISLEV (2 *novembre*).

Loge — 14e. Chislev (15 novembre).

10e. *mois* — TEVETH (1er. *décembre*).

Loge — 1er. Teveth (1er. décembre).

— 15e. Teveth (15 décembre).

Chap.·. — 25e. Teveth (25 décembre).

Aréop.·. — 22e. Teveth (22 décembre).

11e. *mois* — SCHEBAT (31 *décembre*).

Loge — 2e. Schebat (1er. janvier 1835).

— 16e. Schebat (15 janvier).

12e. *mois* — ADAR (30 *janvier*).

Loge — 3e. Adar (1er. février).

— 17e. Adar (15 février).

13e *mois* — VEADAR (28 *février*).

Loge — 2e. Veadar (1er. mars).

COLONNE FUNÉRAIRE.

LES TTT∴ REGRETES FFF∴.

40 — Jean VEYSSIERE, médecin, M∴, F∴.

36 — Agapit TOUREAUX, propriétaire, M∴, F∴.

35 — Honoré-Lormond DUPEYRAT, commerçant, M∴, F∴.

34 — Alexis-Théodore JOINVILLE, avocat, M∴, F∴.

11 — Thomas-Oratio MAURICE, marchand tailleur, M∴

5 — Pierre-Joseph DEPAS, greffier du conseil de notables, M∴

48 — Pierre-Siméon FOURNIER, capitaine d'infanterie, M∴, F∴.

22 — Louis BOTTÉE, officier d'infanterie, M∴, F∴.

17 — Alexis BOYER, propriétaire, M∴, F∴.

56 — Édouard ACHILLE, capitaine d'infanterie, App∴.

20 — Jean-Auguste TRICHET, membre du conseil de notables, M∴

12 — Joseph-Dominique BOTTÉE, capitaine d'infanterie, M∴, F∴.

53 — Joseph POIDEVIN, directeur particulier de l'enregistrement, M∴

52 — Jean-Pierre BENOIT, juge-suppléant au tribunal civil des Cayes, 18e. d∴

23 — Jean-Marie FRANCHIPANE, propriétaire, 18e. d∴, F∴.

27 — Simon GLÉZIL, sénateur, 32e. d∴, memb∴ hon∴

76 — Joseph BAILLIO, commerçant, M∴

16 — Jean-Pierre JANAU, officier d'infanterie, M∴, F∴

NOTA.

Tous les maçons, *sans aucune distinction de rits et d'obédiences,* sont reçus aux travaux des *trois Ateliers* des ELEVES DE LA NA-TURE, en justifiant du grade que l'on tient.

Les tenues ont lieu au local rue de la Place d'Armes.

La Loge s'assemble les 1er. et 15e. jours de chaque mois.

Le Souv∴ Chapitre a cinq grandes tenues par an, savoir : le Jeudi Saint, les jours de Pâques, de la Pentecôte, de la Toussaint et de Noël.

L'Aréopage a quatre grandes tenues par an, aux équinoxes et aux solstices.

Adresse de la R∴ Loge :

A Mr. Ed. HALL, membre du conseil de notables, aux Cayes.

Adresse du Chap∴ et de l'Aréop∴

A Mr. N.-D. LAFARGUE, administrateur de finances, aux Cayes.

PROCÈS-VERBAL

D'AFFILIATION.

Extrait du Livre d'Architecture de la R∴ Loge des
Elèves de la Nature.

A∴ L∴ G∴ D∴ G∴ A∴ D∴ L'U∴

Au nom et sous les auspices du Suprême Conseil, pour la
France, des TT∴ II∴ et TT∴ PP∴ SS∴ GG∴ II∴ GG∴
du 33e. et dernier degré du rit écossais ancien et accepté.

Sous la voûte céleste du zénith, par les 18o∴ 11'∴ 10"∴ de
lat∴ n∴ et les 76o∴ 10'∴ 30"∴ de long∴ occ∴ du mérid∴ de
Paris, O∴ des Cayes (République d'Haïti), le 12e. jour de
la lune de Chislev, 9e. mois de l'an de la V∴ L∴ 5833
(24 novembre 1833 è∴ v∴).

La R∴ Loge chapitrale écossaise des Élèves de la Nature,
régulièrement convoquée, se réunit dans un lieu très-éclairé,
très-couvert et très-fort, où règnent la vérité, le mystère et
l'union fraternelle.

A midi plein, le T∴ R∴ F∴ Edouard Hall, Vén∴ tit∴,
ouvre les travaux au premier degré symbolique.

Il est aidé par le F∴ Gaspard Boze, 2e. Surv∴ tit∴, qui
dirige la colonne de l'ouest, et par le F∴ Fabre jeune, 1er.
Exp∴, qui dirige celle du sud.

Les tables de la loi sont ouvertes devant le F∴ Lebreton
de Sallefranque, Orat∴ prov∴

Le F∴ Duret, Secrét∴ tit∴, tient le crayon, pour esquisser les travaux du jour.

Les FF∴ Geffrard, Armand et Gayau sont chargés du cérémonial.

Tous les autres FF∴ occupent leurs places accoutumées.

Le temple est orné comme aux grands jours de fête. Des emblèmes, des couronnes de fleurs sont suspendus à l'orient et sur les colonnes. La bannière de la loge flotte près du trône.

Au milieu du temple s'élève un autel richement décoré, avec cette inscription, brodée en or : *A L'Amitié.*

Sur cet autel sont du pain et du vin dans des vases antiques, une coupe d'argent, un candélabre à trois branches garni de bougies, des fleurs dans une corbeille remarquable par son élégance, une écritoire surmontée d'une plume pour signer le pacte d'alliance. Un grand voile de gaze couvre cet appareil, excepté le candélabre. Les parfums les plus suaves se répandent dans toutes les parties de l'enceinte.

Lecture de la pl∴ des derniers travaux est donnée. Aucune observation ne s'étant élevée, elle est adoptée sur les conclusions du F∴ Orateur.

On annonce que de nombreux visiteurs, de tous les degrés, de tous les rits et de divers orients de la République, se pressent dans les parvis, et sollicitent la faveur de partager les travaux du jour et la fête de famille qui doit les couronner. Les Experts et les Maît∴ des cérém∴ s'empressent de se rendre auprès de ces FF∴, pour s'acquitter envers eux du devoir de leur emploi.

Ces devoirs accomplis, et sur un ordre du Vén∴, les portes sont ouvertes, et les visiteurs sont introduits. Parmi ces honorables maçons, il en est qui, travaillant sous d'autres auspices, n'ont pas craint, en venant dans cette enceinte, d'obéir au mouvement de leur cœur, et de répondre, par leur présence, aux sentiments affectueux qui les y ont appelés.

Le Vén∴ les complimente ; l'un d'eux remercie l'atelier, et de joyeuses batteries témoignent la satisfaction de tous les ouvriers.

La place manquait pour décerner convenablement les honneurs à tous ces visiteurs. Ils prennent séance, non selon leurs rangs, mais indistinctement à l'O∴ et sur les colonnes auxquelles ils donnent un nouvel éclat, par la diversité de leurs décorations.

L'ordre du jour appelait l'affiliation du T∴ C∴ F∴ Manuel Garcia, curé de la paroisse de Torbeck, né à Alcobendas (Espagne), le 23 mars 1801, M∴, membre *en exéat* de la R∴ loge de *L'Amitié des FF∴ Réunis*, à l'O∴ du Port-au-Prince, agréé dans la dernière séance. Ce F∴ étant présent, est conduit à l'autel des serments, par l'un des M∴ des cérémonies. Debout et la main placée sur le livre de la loi et sur le glaive, il renouvelle les obligations qu'il a contractées dans l'Ordre, s'engage à observer les réglemens particuliers de la R∴ Loge, et jure fidélité au rit et à la Puissance constitutive de la R∴ Loge.

Il est proclamé aussitôt à l'O∴ et sur les colonnes, membre actif de la R∴ Loge. Le Vén∴ le félicite au nom de l'atelier, il y répond, et les applaudissemens de tous les FF∴ mettent le sceau à cette consécration.

Bientôt une salve de sept coups de canon annonce l'arrivée, dans les parvis, du Souv∴ Chapitre des SS∴ PP∴ Rose-Croix de Kilwining et d'Hérédom, 18e. degré, constitué près la R∴ Loge, sous le titre de *La Constance Eprouvée*. A leur tête est le T∴ Ill∴ F∴ Lafargue, 33e. deg∴, Très-Sage Ath∴ de ce Chap∴ et Vénérable d'honneur de la R∴ Loge.

Une députation de cinq frères, armés de glaives, précédés d'étoiles et d'un Maît∴ des cérém∴, se porte au-devant du Souv∴ Chapitre, qui s'avance lentement sous la voûte d'acier, aux sons de l'harmonie et des accens de la plus vive allégresse. Le cortége parvenu à l'O∴, le Vén∴ tit∴, qui en a descendu les marches, remet à l'ill∴ Vén∴ d'honneur le maillet de direction de la R∴ Loge et les autres insignes de la puissance.

L'Ill∴ Vén∴ d'honneur occupe le trône.

Le T∴ Ill∴ F∴ Decour, 33e. degré, 1er. G∴ Gard∴ de la T∴, est placé à l'occident, pour transmettre les ordres qui partiront de l'est, aux ouvriers de la colonne du sud.

Au centre de cette colonne, l'Ill∴ F∴ Berryer, 32e. degré, remplace le 2e. Surv∴, et se prépare à observer les ouvriers distribués dans le nord du temple.

Le T∴ R∴ et P∴ F∴ Letellier, 18e. degré, occupe la chaire, en qualité d'adj∴ à l'orat∴

Le T∴ R∴ et P∴ F∴ Buteau, 18e. d∴, Gd∴ Maître des dépêches, se place au bureau de Secrét∴, pour diriger les progrès de l'ouvrage.

Les autres Chev∴ composant le Souv∴ Chapitre, prennent siége à l'Orient.

L'ordre des rangs, un instant troublé pendant cette cérémonie, se rétablit, et le silence règne. Alors le Vén∴ tit∴ exprime à l'ill∴ Vén∴ d'honneur et T∴ Sage du Souv∴ Chapitre, les sentiments d'amour, de respect et de reconnaissance dont la R∴ Loge est pénétrée, et, pour les lui témoigner d'une manière plus éclatante, il le prie de permettre qu'usant encore une fois de son autorité, il commande une triple batterie en son honneur ; ce qui a été de suite exécuté avec autant de sincérité que d'enthousiasme.

L'Ill∴ Vén∴ d'honneur répond au nom du Souv∴ Chapitre, et remercice la R∴ Loge des marques d'affection qu'elle veut bien lui donner. Témoignant ensuite toute sa gratitude personnelle aux maçons des divers rits, il les félicite de l'esprit de tolérance et de liberté qui a guidé leurs pas en ce jour solennel ; n'écoutant que leurs cœurs, n'obéissant qu'à la puissance du lien fraternel. Après avoir fait des vœux pour que tous les maçons se pénètrent de ces principes, il adjure les FF∴ de ne jamais oublier les sentiments d'union qu'ils manifestent, et sans lesquels il n'est, ni ne peut être de maçonnerie.

Tous les Chev∴ se joignent à leur président, et couronnent cette allocution par les applaudissements les plus vifs et les plus sincères.

Les colonnes, libres enfin d'exprimer leur approbation, font retentir le temple de leurs acclamations, qui sont couvertes par les accords de l'harmonie.

Tous les FF∴ ayant pris séance, l'ill∴ Vén∴ d'honneur annonce l'objet de la réunion. Il dit que la R∴ Loge des Élèves de la Nature et son Souv∴ Chapitre la Constance Éprouvée ont résolu, dans leurs tenues respectives, de contracter une alliance avec la R∴ Loge *La Clémente Amitié*, son Souv∴ Chapitre de Rose-Croix de Kilwining et d'Hérédom, et son Aréopage du 30e. degré, constitués sous le même rit et par la même Puissance ; — et que les Ateliers des Élèves de la Nature se réunissent en ce jour , pour signer le pacte de cette alliance , et lui donner la solennité que commande un évènement aussi heureux pour l'Ordre , que glorieux pour les ateliers qu'il préside.

Il fait donner lecture , par le F.·. Orateur , de la planche adressée à la R.·. Loge et à son Souv.·. Chapitre , par le T.·. Ill.·. F.·. Leblanc de Marconnay , 33e. degré , Représentant des trois ateliers de la Clémente Amitié , et des pouvoirs donnés par ces trois ateliers à cet Ill.·. F.·. , et par lui substitués au T.·. Ill.·. F.·. Franklin , 33e. degré , Représentant du Suprême Conseil.

Il envoie en conséquence une grande députation à l'Ill.·. F.·. Franklin, pour le complimenter, et lui annoncer que les ateliers réunis sont prêts à contracter l'alliance proposée.

Cette députation sort.

Pendant ce temps , le Vén.·. d'honneur entretient les FF.·. de ce qu'une pareille alliance offre d'avantageux pour la fraternité et pour la Loge dont elle étend les relations.

” Nos travaux , dit-il , ne se bornent point à des initiations. Il en est d'autres qui sont la suite ou le développement des engagements que nous avons contractés. La maçonnerie nous enseigne que nos principaux devoirs consistent dans la connaissance d'un Dieu et dans l'amour de nos semblables ; c'est la base de toute morale : tout ce qui s'y rattache , tout ce qui nous porte à cet enseignement , est donc essentiellement du domaine de nos cérémonies. C'est ainsi que nous accueillons dans nos temples , le F.·. qui nous arrive d'un pays lointain. Nous ne lui demandons pas quelle religion il professe , ni à quelle nation il appartient ; il suffit qu'il soit maçon pour qu'il participe à nos travaux , et s'il demande à prendre rang parmi les ouvriers , il suffit qu'il soit vertueux pour qu'il y obtienne son affiliation : vous venez d'en avoir un exemple il y a un instant. Si tels sont nos usages à l'égard d'un F.·. isolé , à plus forte raison doit-il en être ainsi lorsqu'une association de plusieurs FF.·. nous offre son amitié. Ces sortes d'alliances ne sont nouvelles qu'en Haïti ; elles se pratiquent dans toutes les parties de l'Europe ; elles sont même connues de quelques loges de notre Archipel. Par ces solennités , les obligations deviennent plus grandes , les devoirs sont plus imposants , les liens se multiplient et se resserrent , et c'est alors qu'on peut dire que l'arbre maçonnique couvre la terre de ses rameaux bienfaisants : tel est le spectacle, tout à la fois intéressant et nouveau, dont vous allez être témoins.

„ A 1500 lieues de nous, une Loge dont le nom retentit déjà si agréablement à nos oreilles, la Clémente Amitié, nous propose une alliance et les bénéfices réciproques d'un commerce fraternel. Une telle preuve d'estime et de considération, donnée par des FF∴ aussi relevés par leur mérite que recommandables par leurs vertus privées, serait bien capable de nous enorgueillir, si nous ne savions que, pour fixer l'attention de ses FF∴ et prendre rang dans la maçonnerie, il suffit d'avoir rempli les devoirs qu'elle impose. En acceptant cette faveur, comme vous vous êtes empressés de le faire, vous avez rendu un nouvel hommage aux principes de l'Ordre; vous avez par-là apprécié le bienfait d'une institution qui ne connaît pas de distance, qui rapproche les hommes les plus opposés par leurs opinions politiques ou religieuses... institution vraiment magique, au moyen de laquelle les enfants d'Adam se donnent la main d'un bout de la terre à l'autre, et forment cette chaîne mystérieuse qui embrasse l'univers, et dont la houppe dentelée, qui en est l'ornement, est en même temps l'emblème du secret qui couvre nos travaux. "

A peine l'ill∴ Vén∴ cessait de parler, que la musique annonce le retour de la députation, accompagnant l'ill∴ Représentant de la Clémente Amitié.

Le Vén∴ d'honneur fait disposer le cérémonial.

Trois FF∴, munis de glaives et d'étoiles mystérieuses, précédés d'un maître des cérém∴, vont se joindre à la députation, dans le parvis.

L'Orat∴ s'y rend pour inviter l'ill∴ Représentant à répondre à l'empressement de l'atelier.

Tous les FF∴ sont debout, à l'ordre, et forment la voûte d'acier.

On frappe en maçon, l'annonce se fait, les portes s'ouvrent.

Sept coups de canon sont tirés.

L'ill∴ Représentant des ateliers de la Clémente Amitié entre avec son cortège, précédé de la bannière de ces ateliers.

La musique fait entendre l'air si expressif : *Où peut-on être mieux qu'au sein de sa famille.*

L'ill∴ Représentant s'arrête devant l'autel de l'amitié.

L'ill∴ Vén∴ d'honneur descend du trône, et vient à sa rencontre, précédé de la bannière des Elèves de la Nature.

L'ill∴ Représentant prend la parole, et s'exprime en ces termes :

" La Renommée a publié sur les bords de la Seine, les glorieux travaux des Elèves de la Nature ; et la Clémente Amitié, qui tend la main à tous les FF∴, quelle que soit leur croyance, qui étudie aussi la nature, pour propager la science de la vérité, et qui voit dans l'union, la tolérance et les vertus, les moyens de parvenir à cette propagation, la Clémente Amitié a saisi avec le plus vif empressement, l'occasion de contracter un lien d'affiliation avec des FF∴ aussi distingués dans l'Ordre. Ses ateliers me députent donc vers vous, pour raviver le feu sacré sur l'autel de l'Amitié, et vous me voyez, TT∴ Ill∴ FF∴, disposé à concourir avec vous à cet œuvre éminemment maçonnique. Ainsi lorsque la Politique et la Religion divisent les hommes sur la terre, la Maçonnerie, comme une tendre mère, les rapproche et leur rappelle qu'ils sont frères. ... C'est pénétrée de ces sentiments d'une philantropie éclairée, qu'une Sœur, confiante dans les vôtres, vient unir sa bannière à votre glorieuse bannière... Qu'elle soit le gage d'une amitié sincère, et que la bonne foi soit le ciment qui garantisse à jamais la durée d'une union aussi pure que désintéressée !... "

L'Ill∴ Vén∴ d'honneur lui répond aussitôt :

" T∴ Ill∴ F∴,

„ L'allégresse que votre présence répand dans cette enceinte, vous dit assez quelle est la situation de nos cœurs.

„ Les enfants de la vieille Europe viennent fraterniser avec ceux de l'Amérique, et présentent enfin une main fraternelle aux malheureux insulaires d'Haïti régénérée ! Grâces soient rendues à cet Etre sublime, à ce G∴ A∴, qui dispose des hommes et leur inspire des sentiments de justice et d'amour !

„ Votre démarche fera époque dans les annales maçonniques.

„ Elle relève l'éclat des Élèves de la Nature, honore l'Ordre, et justifie les principes que nous professons.

„ Dieu et la vérité , c'est aussi l'objet de notre culte.

„ Nous avons accepté, comme un don précieux , l'alliance que nous a proposée la Clémente Amitié, et avions-nous à délibérer ?... Nos principes sont les vôtres , ce sont ceux d'une saine philosophie , ce sont ceux qu'enseigne et qu'a toujours enseigné la Maçonnerie. On s'entend bientôt lorsque les intentions sont pures et que la franchise préside au contrat.

„ Nous recevons donc cette bannière , comme le gage de cette foi antique que les initiés ne se juraient jamais en vain ; et , dans nos solennités , nous aurons toujours présent à nos yeux , ce nom si doux , si maçonnique : *La Clémente Amitié.* "

Ce touchant échange de sentiments fraternels avait fait une vive impression sur les FF∴ Le respect seul pouvait comprimer l'élan des cœurs ; mais l'émotion était trop grande pour être plus long-temps contenue : des applaudissements unanimes, spontanés et redoublés , éclatent de toutes parts et rendent mieux que par des paroles , la joie , l'accord et la satisfaction de l'assemblée.

Puis , aux accords solennels de l'harmonie qui couvre les acclamations des FF∴ , l'ill∴ Représentant et l'ill∴ Vén∴ d'honneur croisent leurs bannières au-dessus de l'autel de l'amitié , où elles restent appendues et flottantes.

Ces bannières, exposées à tous les regards, font voir l'élégance de leurs formes et la richesse de leurs ornements. Sur un fond blanc , symbole de la pureté de l'union fraternelle , des caractères brodés en or , indiquent sur l'une *La Clémente Amitié*, et sur l'autre *Les Élèves de la Nature.*

Après un moment donné à l'enthousiasme, l'ill∴ Vén∴ d'honneur , en offrant la main au Représentant de la Clémente Amitié, lui dit particulièrement : " Venez , ill∴ F∴, occuper la place distinguée que les Élèves de la Nature vous ont préparée dans ce Temple, où déjà votre nom est révéré , où les lumières que vous y avez répandues nous éclairent, où votre haute sagesse laisse toujours des traces utiles et que nous aimons à suivre. "

(33)

L'ill∴ Représentant répond à un compliment aussi flatteur ; et, précédés des Maît∴ des cérémonies, ces deux ill∴ FF∴ montent les degrés de l'orient. L'ill∴ Représentant est placé sur un trône élevé à la droite de l'ill∴ Vén∴ d'honneur.

Tous les FF∴ s'asseyent.

L'ill∴ Vén∴ d'honneur invite les FF∴ à l'O∴ et fait inviter, par les 1er. et 2d. Surveillants, ceux qui ornent les colonnes, à prêter attention à la lecture du *Traité d'affiliation*. *

Il le fait passer à l'Orateur, qui le lit à haute voix.

Tous les FF∴ se lèvent, et donnent leur assentiment par une triple batterie.

Sur l'ordre du Vén∴ d'honneur, l'Orateur dépose sur l'autel de l'Amitié, ce pacte d'alliance, en double original.

Puis le Maît∴ des cérémonies va donner la main à l'ill∴ Représentant, pour le conduire à l'autel de l'Amitié.

L'ill∴ Vénérable frappe et dit : debout et à l'ordre, mes FF∴

Il prie le Vén∴ tit∴ de vouloir bien l'accompagner.

Il descend du trône, portant une étoile, et suit l'ill∴ Représentant.

Arrivé à l'autel de l'Amitié, il lève le voile de gaze, et allume une des bougies du candélabre.

Il passe son étoile au Représentant de la Clémente Amitié, qui allume la seconde.

Puis, au Vén∴ tit∴, qui allume la troisième.

Cette allégorie est saisie par tous les FF∴

L'ill∴ Vén∴ d'honneur, après avoir promené ses regards sur l'assemblée, pour réclamer l'attention, élève la voix et dit :

" En présence du G∴ A∴ D∴ l'U∴, de celui-là qui juge les actions des hommes, qui répand ses bienfaits sur les bons et châtie les perfides par sa justice ;

L'ill∴ Représentant de la Clémente Amitié continue :

„ De celui-là qui a créé la lumière pour guider les hommes

---

* Il est à la suite de ce procès-verbal.

dans la justice et dans la vérité , pour les rendre heureux par l'amitié qu'ils se doivent mutuellement et particulièrement dans notre ill.·. société maçonnique ;

Le Vén.·. d'honneur reprend :

'' A la gloire de la Maçonnerie ,

,, Sous les auspices du Suprême Conseil des PP.·. SS.·. GG.·. II.·. GG.·. du 33e. et dernier degré du rit écossais ancien et accepté , notre commune Puissance constitutive ,

,, La R.·. loge des Elèves de la Nature et son Souv.·. Chapitre la Constance Éprouvée déclarent solennellement contracter union et alliance éternelles avec sa très-chère sœur la Clémente Amitié , son Souv.·. Chapitre et son Aréopage.

,, Les motifs de cette alliance sont les hautes vertus, les talents et les glorieux travaux des membres qui composent ces respectables ateliers.

L'ill.·. Représentant répète cette déclaration pour la Clémente Amitié.

L'ill.·. Vénérable continue :

,, Et pour que nos serments soient stables , nous nous souviendrons des sentiments qui nous les ont fait contracter ; nous penserons à la gloire et au bonheur qu'ils nous promettent.

Il ajoute :

,, Aux temps anciens de la simplicité et de la bonne foi, on buvait , on mangeait ensemble , quand on faisait un traité.

,, Voici du pain. Prenons , mes frères , rompons et mangeons ensemble le pain de la fraternité.

,, Voici du vin. Prenons , et buvons ensemble à la coupe de l'amitié. ''

Pendant cette cérémonie , l'atelier entonne le refrain :

Fraternité chérie !
Viens encore embellir le saint nœud qui nous lie !

Ce refrain est répété par trois fois trois fois.

L'ill.·. Vénérable et l'ill.·. Représentant terminent ensemble en disant :

'' Que le pain nous manque , que la faim , la soif, la honte et le malheur nous poursuivent, si nous trahissons nos serments. ''

Le Vénérable d'honneur embrasse le Représentant de la Clémente Amitié , et lui dit :

'' Recevez ce baiser au nom des ateliers que je préside , pour les ill∴ FF∴ des ateliers de la Clémente Amitié. ''

Il prend les deux originaux de l'acte d'alliance , et dit :

'' Voici le double contrat de notre union. Je le signe le premier , au nom des Elèves de la Nature et de leur Souv∴ Chapitre.

Il le signe ; puis, offrant la plume à l'ill∴ Représentant, il ajoute :

,, Peut-être un jour les enfants qui nous succéderont aimeront à lire ces caractères....

Le Représentant , en signant :

,, Et leurs cœurs émus entretiendront le feu sacré que nous allumons.... ''

Tous les FF∴ applaudissent.

On tire sept coups de canon.

La musique fait entendre des sons tout à la fois mélodieux et touchants.

Les officiers des ateliers des Élèves de la Nature signent également le pacte d'union.

Le Vén∴ d'honneur remonte au trône, accompagné de l'ill∴ Représentant et du Vén∴ tit∴, et précédé des M∴ des cérémonies. Chacun reprend sa place, et le silence se rétablit.

Le Vén∴ tit∴, l'estimable F∴ E. Hall, se lève, et fixe l'attention de l'Atelier par un morceau d'architecture dont les dimensions sont aussi régulières qu'élégantes. Tous les FF∴ s'empressent de le féliciter et de lui donner les témoignages ordinaires de leur affection.

L'ill∴ F∴ Decour prend la parole à son tour sur l'objet de la solennité de ce jour, et prononce un discours qui, écouté avec le plus vif intérêt et l'attention la plus soutenue, a été sincèrement applaudi. Il est à regretter que la modestie habituelle de ce F∴ nous prive de rapporter ici ses paroles.

L'ill∴ Vén∴ d'honneur reprend ainsi le cours des travaux :

" FF∴ Ier. et 2d. Surveillants, annoncez sur vos colonnes respectives, pour la première fois, comme je le fais à l'orient, l'alliance des Élèves de la Nature avec les FF∴ de la Clémente Amitié. "

Cette annonce est répétée suivant l'usage, et une batterie bruyante vient la couronner.

Le Vén∴ d'honneur : " FF∴ Ier. et 2d. Surveillants, annoncez sur vos colonnes respectives, pour la seconde fois, comme je le fais à l'O∴, que les Élèves de la Nature ont contracté un pacte d'union et d'affiliation avec la Clémente Amitié. "

Les Surv∴ remplissent leurs devoirs, et une batterie éclatante se fait entendre de nouveau.

Le Vén∴ d'honneur : " FF∴ Ier. et 2d. Surveillants, annoncez, pour la troisième fois, sur vos colonnes respectives, comme je le proclame à l'O∴, qu'il y a dès ce jour union et alliance perpétuelle entre les FF∴ des ateliers des Élèves de la Nature et les FF∴ des ateliers de la Clémente Amitié. Fasse le G∴ A∴ D∴ L'U∴ que ce lien soit inaltérable, afin que la grande famille en tire lumière, honneur et gloire ! "

Les Surveillants répètent cette annonce, qui est saluée d'une triple batterie et d'une joyeuse harmonie.

Par suite du traité d'affiliation, l'ill∴ Vén∴ d'honneur fait proclamer à l'O∴ et sur les colonnes, savoir :

1o. Le T∴ Ill∴ F∴ Leblanc de Marconnay, comme Représentant des ateliers de la Clémente Amitié auprès de ceux des Élèves de la Nature, pour, en cette qualité, prendre rang de membre d'honneur de ces derniers ;

2o. Le T∴ Ill∴ F∴ Lafargue, comme substitut à cette représentation, pour, en cette qualité, prendre rang parmi les membres d'honneur des ateliers de la Clémente Amitité ;

3o. Le T∴ Ill∴ F∴ Franklin, comme Représentant des ateliers des Élèves de la Nature auprès de ceux de la Clémente

Amitié, pour, en cette qualité, prendre rang parmi les membres d'honneur de ces derniers ;

4o. L'honorable F∴ Godain, comme substitut à la représentation de l'ill∴ F∴ Franklin, pour, en cette qualité, prendre rang parmi les membres honoraires des ateliers des Élèves de la Nature ;

5o. Les TT∴ RR∴ FF∴ Desanlis, Claverie, Gosse, Graff et Ricardat, comme affiliés libres des ateliers des Élèves de la Nature ;

6o. Les TT∴ RR∴ FF∴ Berryer, Laudun, Hall, Durocher et Letellier, comme affiliés libres des ateliers de la Clémente Amitié.

Toutes ces proclamations sont successivement couvertes de remercîments et d'applaudissements.

La parole étant ensuite donnée à l'Orateur, il fait hommage à l'atelier d'un balustre, où il développe l'influence de la maçonnerie sur les sociétés et les avantages des affiliations pour parvenir à son but philantropique. Ce balustre reçoit les éloges de l'ill∴ Vén∴ d'honneur, et tous les FF∴ viennent les confirmer par une triple batterie.

Sur un ordre parti de l'O∴, les maîtres des cérémonies distribuent des fleurs à tous les FF∴

La musique reprend ses sons modulés, mais sur un rhythme grave et solennel.

Le Vén∴ d'honneur prie l'ill∴ Représentant de vouloir bien l'accompagner ; ils descendent ensemble de leurs trônes, précédés des Maît∴ des cérémonies et suivis de tous les FF∴ qui sont à l'O∴, unis deux à deux. Les FF∴ Ier. et 2d. Surv∴, placés à la tête de leurs colonnes respectives, font une évolution à l'Occ∴ où ils se rencontre, et s'unissent également deux à deux, pour se joindre au cortége parti de l'O∴ Tous les FF∴, dans cet ordre, exécutent une marche bien ordonnée, imposante et mesurée autour de l'autel de l'Amitié. Au troisième voyage, le Vén∴ d'honneur, l'ill∴ Représentant et tous les FF∴ déposent leurs fleurs sur l'autel de l'Amitié. La chaîne d'union est formée , et le baiser fraternel circule au milieu des cantiques d'allégresse.

Puis , par une contre-marche , exécutée avec précision , tous les ouvriers se retrouvent à leurs places.

La matière étant épuisée , l'Hospitalier de la Loge et le G.·. Chev.·. Eléémosinaire parcourent le temple , et recueillent d'abondantes offrandes dont le produit , vérifié , est déposé dans la caisse des maçons malheureux.

L'ill.·. Vén.·. d'honneur annonce que les travaux sont suspendus , et se dirige , à la tête de ses FF.·. , vers la salle du banquet.

BANQUET.

La Loge de table ouverte dans le plus grand ordre , la franchise et la cordialité s'établissent parmi les nombreux convives qui animent cette fête de famille.

Toutes les santés de devoir , d'affection et de convenance , sont portées avec autant de régularité que de sentiments.

La première , celle de S. E. le Président d'Haïti et de sa famille , est accueillie et répondue avec la plus vive expression de respect , d'amour et de dévoûment. A cette santé des vœux sont joints pour la prospérité de la République , et l'harmonie fait entendre l'air patriotique : *Soleil , Dieu de mes ancêtres , etc.*

Celle du Suprême Conseil de France est tirée avec l'accent d'un respectueux attachement et d'une sincère reconnaissance ; celle du G.·. O.·. d'Haïti et des autres Puissances maçonniques établies sur les deux hémisphères , est accompagnée de vœux pour le triomphe des principes et de la tolérance universelle.

D'autres santés sont successivement portées à l'ill.·. Vén.·. d'honneur et au Vén.·. tit.·. des Élèves de la Nature , à la R.·. Loge affiliée , au Représentant du Suprême Conseil et de la Clémente Amitié , aux honorables et bénévoles visiteurs qui sont venus embellir cette fête.

Aucune des santés d'obligation n'est oubliée ; la dernière surtout, celle de tous les maçons répandus sur la surface du globe, heureux ou malheureux, libres ou dans les fers, sédentaires ou voyageurs, quels que soient leurs pays, leur croyance, les rits qu'ils professent, est portée avec enthousiasme.

Le soleil arrivait alors au méridien inférieur, et les travaux sont fermés suivant le rituel. Tous les FF∴ se retirent en paix, avec la conscience d'avoir rempli des devoirs sacrés, et pleins de l'impression d'une journée consacrée au Grand Architecte de l'Univers, à l'humanité et à l'amitié.

Le Vén∴ d'hon∴,	Le Représentant des ateliers	Le Vén∴ Tit∴
T∴ Sage Ath∴,	de la Clémente Amitié,	de la R∴ L∴,
N.-D. LAFARGUE, 33e.	FRANKLIN, 33e.	Ed. HALL.
Le 1er. Gd∴ Surv∴	Vu par nous Adj∴ à l'orat∴	Le 2d. Gd∴ Surv∴
DECOUR, 33e.	H. LETELLIER, 18e.	P. BERRYER, 32e∴

E. DASQUE, 18e., G∴ Exp∴, G.-L. DUROCHER, 18e., G∴ Chev∴ Gard∴ du Trés∴, PILORGE Fils, 18e., Trés∴ de la R∴ L∴, GASPARD BOZE Fils, 2d. Surv∴ tit∴, FABRE Jeune, 1er. Exp∴ J.-M. SALGUES, Hosp∴.

Par Mandement du Souv∴ Chapitre:	Par Mandement de la R∴ Loge :
Le G∴ M∴ des Dépêches, G∴ Garde des Sceaux,	Le Secrét∴ Garde des Sceaux,
J. BUTEAU, 18e.	Jn. DURET.

A∴ L∴ G∴ D∴ G∴ A∴ D∴ l'U∴

ORDO AB CHAO.

TRAITÉ D'AFFILIATION.

Entre la R∴ Loge écossaise des Élèves de la Nature et son Souv∴ Chapitre de Rose-Croix de Kilwining et d'Hérédom, 18e. degré, sous le titre de la Constance Éprouvée, constitués en l'O∴ et Vall∴ des Cayes, sous les Nos. 10 et 49, par le Suprême Conseil des PP∴ SS∴ GG∴ II∴ GG∴ du 33e. et dernier degré du rit écossais ancien et accepté, pour la France ; d'une part.

Et la R∴ Loge écossaise, le Souv∴ Chap∴ de Rose-Croix de Kilwining et d'Hérédom, 18e. degré, et l'Aréopage du 30e. degré, sous le titre distinctif de la Clémente Amitie, constitués par la même Puissance, en l'O∴ et Vall∴ de Paris, et représentés ici par le T∴ Ill∴ F∴ Franklin, 33e. degré, par substitution du T∴ Ill∴ F∴ Leblanc de Marconnay, 33e. degré, mandataire des ateliers de la Clémente Amitié ; d'autre part.

Sur la proposition de l'Ill∴ F∴ Leblanc de Marconnay, transmise par l'Ill∴ F∴ Franklin ;

Vu les pouvoirs donnés par les ateliers de la Clémente Amitié au T∴ Ill∴ F∴ Leblanc de Marconnay, le 27e. jour de la lune de Teveth, 10e. mois de l'an de la V∴ L∴ 5832 (20 décembre 1832, è∴ v∴), par lui certifiés, signés et scellés de son sceau particulier, ainsi que la substitution faite dans lesdits pouvoirs, par ce F∴, en faveur du T∴ Ill∴ F∴ Franklin, à l'Or∴ de New-York, le 20e. jour de la lune d'Ab, 5e. mois 5833 de la V∴ L∴ (7 août 1833, è∴ v∴) ;

Le G∴ Orateur entendu :

Considérant que la maçonnerie est une association universelle, qui efface les distances, rapproche les hommes, et les porte à s'aimer, à s'unir, et à se secourir mutuellement ;

Que, sous ce point de vue , il est utile de multiplier parmi les maçons, les liens d'amitié , d'affiliation et de correspondance , afin de parvenir au but éminemment philosophique que se propose l'Institution ;

Il a été conclu et arrêté ce qui suit :

ARTICLE PREMIER.

Il y aura un lien perpétuel (autant qu'une semblable expression peut avoir de force dans les institutions humaines) d'union, d'affiliation , d'amitié et de correspondance entre la R∴ Loge des Élèves de la Nature , son Souv∴ Chapitre de la Constance Éprouvée , O∴ et Vall∴ des Cayes , et la R∴ Loge, le Souv∴ Chapitre et l'Aréopage de la Clémente Amitié , O∴ et Vall∴ de Paris.

ART. 2.

Cette affiliation donnera aux enfants des divers ateliers qui la contractent, des droits à être reconnus , accueillis et assistés mutuellement dans leurs différents grades maçonniques , et comme fils d'une même famille.

ART. 3.

Le T∴ Ill∴ F∴ Leblanc de Marconnay (Hyacinthe-Poirier), jurisconsulte , 33e. degré , membre actif du Sup∴ Cons∴ Uni , pour l'Hémisphère Occidental , Ex Vénérable , Très-Sage et Président des ateliers de la Clémente Amitié , est proclamé et reconnu Grand-Représentant des ateliers de la Clémente Amitié , auprès des ateliers des Élèves de la Nature ; en cette qualité, il prendra rang de membre d'honneur de ces derniers ; et le T∴ Ill∴ F∴ Lafargue , 33e. deg∴ , membre honoraire du Sup∴ Cons∴ Uni de l'Hémisph∴ Occ∴ , Très-Sage du Souv∴ Ch∴ de la Constance Éprouvée et Vén∴ d'honneur de la R∴ Loge des Élèves de la Nature , est reconnu et proclamé Substitut à la représentation de l'Ill∴ F∴ Leblanc de Marconnay; en cette qualité, il prendra rang parmi les membres d'honneur des ateliers de la Clémente Amitié.

(42)

ART. 4.

Le T∴ Ill∴ F∴ Franklin, 33e. deg∴, Second Lieutenant Grand Commandeur honoraire et Grand-Représentant du Sup∴ Cons∴ Uni, pour l'Hémisph∴ Occ∴, Représentant du Sup∴ Cons∴ de France, et membre fondateur honoraire des ateliers des Élèves de la Nature, est reconnu et proclamé Grand-Représentant des ateliers des Elèves de la Nature, auprès de ceux de la Clémente Amitié ; en cette qualité, il prendra rang parmi les membres d'honneur de ces derniers ; et l'hon∴ F∴ Godain (Théodore), chimiste, 30e. degré, membre des ateliers de la Clémente Amitié, est reconnu et proclamé Substitut à la représentation de l'ill∴ F∴ Franklin ; en cette qualité, il prendra rang parmi les membres honoraires des ateliers des Élèves de la Nature.

ART 5.

Les ateliers unis, voulant se donner des marques particulières de leur affection, adoptent, de chaque côté, cinq membres auxquels ils défèrent le titre d'affiliés libres de l'atelier ami : ces membres sont, savoir :

Pour la R∴ Loge des Élèves de la Nature et son Souv∴ Chap∴ de la Constance Eprouvée :

1o. L'ill∴ F∴ Berryer (Pierre-Émile), commerçant, Subl∴ P∴ de Roy∴ Sec∴, 32e. degré, membre hon∴ de la section consistoriale du Sup∴ Cons∴ Uni, pour l'Hémisp∴ Occ∴, et son Député G∴ Insp∴ Gén∴ et Rep∴ pour la partie sud d'Haïti, membre des ateliers des Elèves de la Nature.

2o. L'hon∴ F∴ Laudun (Alcé-André), directeur de l'imprimerie nationale, 27e. degré, Ex-Vén∴ de la R∴ Loge des Elèves de la Nature.

3o. Le T∴ R∴ F∴ Hall (Édouard), membre du conseil de notables, Vén∴ tit∴ de la R∴ Loge des Elèves de la Nature.

4o. Le T∴ R∴ et P∴ F∴ Durocher (Guillaume-Laurent), propriétaire, 18e. deg∴, membre fondateur des ateliers des Élèves de la Nature.

5o. Et le T∴ R∴ et P∴ F∴ Letellier (Honoré), commerçant, 18e. degré, membre des ateliers des Elèves de la Nature.

Et pour les ateliers de la Clémente Amitié :

1o. Le T∴ R∴ et P∴ F∴ Desanlis (Marie-Auguste), avocat, 18e. degré, Vén∴ tit∴ de la R∴ Loge de la Clémente
Amitié, et Grand Orateur de son Souv∴ Chap∴.

2o. L'hon∴ F∴ Claverie, négociant, 30e. degré, Vén∴ de
la R∴ Loge des Commandeurs du Mont-Liban, 1er. Grand
Insp∴ de l'Aréop∴ de la Clémente Amitié.

3o. Le T∴ Ecl∴ F∴ Gosse (Guillaume-François), artiste-
peintre, 31e. degré, Grand Prévôt Magistral de l'Aréopage de
la Clémente Amitié.

4o. L'hon∴ F∴ Graff (Félix), ex-militaire, 30e. degré,
Hospitalier de la R∴ Loge et Grand Maît∴ des cérémonies de
l'Aréopage de la Clémente Amitié.

5o. Et le T∴ Ecl∴ F∴ Saint-Aubin Ricardat, médecin, 31e.
degré, Vén∴ de la R∴ Loge de la Rose Etoilée Régenérée,
Grand Prieur de l'Aréopage de la Clémente Amitié.

ART. 6.

Les communications entre les ateliers unis, auront lieu au
moins une fois par an ; elles tendront à faire connaître tout ce
qui intéressera l'ordre, à envoyer les publications de part et
d'autre, et à resserrer les liens de l'amitié.

ART. 7.

Le présent Traité est mis sous la sauvegarde de la bonne
foi, du zèle et de l'amour maçonnique qui animent et animeront
toujours les membres des ateliers unis.

Copie en sera délivrée au T∴ Ill∴ F∴ Leblanc de Marconnay, qui en communiquera à la Clémente Amitié, dont la
ratification devra être envoyée sous trois fois trois mois de ce
jour.

Fait en double original, signé et scellé, séance tenante, sous la voûte céleste, au point vert∴ du zén∴ répondant au 18e. degré 11'∴ 10"∴ de lat∴ nord, et au 76e. degré 10'∴ 30"∴ de long∴ ouest du mérid∴ de Paris, dans un lieu éclairé, fort et secret, où règnent la paix, l'union, la bienfaisance, le 12e. jour de la lune de Chislev, 9e. mois de l'an de la V∴ L∴ 5833, et le 24 novembre 1833 de l'ère vulgaire.

Le Vén∴ d'hon∴,	Le Représentant des ateliers	Le Vén∴ Tit∴
T∴ Sage Ath∴,	de la Clémente Amitié,	de la R∴ L∴,
N.-D. LAFARGUE, 33e.	FRANKLIN, 33e.	Ed. HALL.
Le 1er. Gd∴ Surv∴,	Vu par nous adj∴ à l'Orat∴	Le 2d. Gd∴ Surv∴,
DECOUR, 33e.	H. LETELLIER, 18e.	P. BERRYER, 32e∴

E. DASQUE, 18e., G∴ Exp∴, G.-L. DUROCHER, 18e., G∴ Chev∴ Gard∴ du Trés∴, PILORGE Fils, 18e., Trés∴ de la R∴ L∴, GASPARD BOZE Fils, 2d. Surv∴ tit∴, FABRE Jeune, 1er. Exp∴, J.-M. SALGUES, Hosp∴.

Par mandement du Souv∴ Chapitre :	Par mandement de la R∴ Loge :
Le G∴ M∴ des Dépêches, G∴ Garde des Sceaux,	Le Secrét∴ Garde des Sceaux,
J. BUTEAU, 18e.	Jn. DURET.

EXTRAIT

DU LIVRE D'ARCHITECTURE DE LA R∴ LOGE DES
ELEVES DE LA NATURE.

Séance du 4e. jour de la lune de Teveth , 10e. mois de l'an de la V∴ L∴ 5833 (15 décembre 1833 , ère vulg∴)

A∴ L∴ G∴ D∴ G∴ A∴ D∴ L'U∴

…. Sur l'invitation du Vén∴, le F∴ Orateur donne lecture à l'atelier, 1o. d'une Pl∴ adressée à la R∴ Loge, par le T∴ C∴ F∴ Céligny Ardouin, Grand-Secrétaire du G∴ O∴ d'Haïti, sous la date du 25 novembre dernier , par laquelle il annonce aux Élèves de la Nature que , *par ordre du Grand-Maître* , il leur transmet un exemplaire *imprimé* des procès-verbaux des dernières tenues du G∴ O∴ ; 2o. des procès-verbaux joints à cette pl∴ , dans lesquels on remarque que , sur la proposition du Grand-Maître, *la Grande Chambre Symbolique* a déclaré qu'elle *proclamait le principe de la cumulation des rits* , comme inhérent à son *droit de souveraineté*, et que *communication de cette déclaration serait faite à la R∴ Loge des Élèves de la Nature* , etc.

Ces communications ayant été soumises à la délibération de l'atelier, et l'Orateur entendu , il a été résolu qu'accusé de réception de ces pièces serait fait par le F∴ Secrétaire , et qu'il répondrait au Grand-Secrétaire que la R∴ Loge ne peut aucunement s'occuper de la question agitée au G∴ O∴

Un projet de réponse ayant été à l'instant rédigé , le Vén∴ le soumet à la R∴ Loge, et il est arrêté à l'unanimité.

Ce projet est ainsi conçu :

„ O∴ des Cayes , le , *etc.*

„ Le Secrétaire de la R∴ Loge des Élèves de la Nature , constituée , *etc.*

„ Au T∴ C∴ F∴ Céligny Ardouin , Grand-Secrétaire du G∴ O∴ d'Haïti.

T∴ C∴ F∴ ,

„ Je suis chargé par la R∴ Loge des Élèves de la Nature, de vous accuser réception de la Planche que vous lui avez adressée, ainsi que des procès-verbaux imprimés du G∴ O∴ , par lesquels il a décrété la cumulation des rits *comme un principe.*

„ La R∴ Loge regrette d'être obligée de vous dire qu'elle ne peut en aucune manière participer au projet du G∴ O∴ , d'abord parce qu'elle ne saurait s'occuper d'une question de puissance, sans sortir du cercle de ses *attributions symboliques;* ensuite parce qu'aux termes des Constitutions *qui régissent le Rit Ecossais ancien et accepté*, notamment l'art. 5 de celles de Frédéric II , du Ier. mai 1786 , *imprimées et publiées par la Puissance constitutive de R∴ Loge*, il n'appartient qu'à neuf GG∴ II∴ GG∴ du 33e. et dernier degré , de connaître d'une telle matière.

„ J'ai la faveur de vous saluer p∴ l∴ n∴ m∴ q∴ v∴ s∴ c∴ e∴ a∴ t∴ l∴ h∴ q∴ v∴ s∴ d∴ ”

Pour extrait conforme :

Vu par nous adj∴ à l'Orateur :   Par mandement de R∴ Loge :

H. LETELLIER , 18e.   Jn. DURET , Secrét∴

CELEBRATION

DE

LA FETE DE L'ORDRE.

(*Solstice d'hiver 1833.*)

A∴ L∴ G∴ D∴ G∴ A∴ D∴ L'U∴

Au nom et sous les auspices du Suprême Conseil, pour la France, des TT∴ Ill∴ et TT∴ PP∴ SS∴ GG∴ II∴ GG∴ du 33e. et dernier degré du rit écossais ancien et accepté.

Les ouvriers de la R∴ □∴ chapitrale écossaise des Élèves de la Nature, régulièrement convoqués, se réunissent près du B∴ A∴, dans un lieu couvert, où règnent la paix, la vérité, la bienfaisance, sous la voûte céleste du zénith, par les 18o∴ 11'∴ 10"∴ de lat∴ n∴ et les 76o∴ 10'∴ 30"∴ de long∴ occ∴ du mérid∴ de Paris, O∴ des Cayes (République d'Haïti), le 16e. jour de la lune de Teveth, 10e. mois de l'an de la V∴ L∴ 5833 (27 décembre 1833, è∴ v∴).

L'objet de la réunion est la célébration de la fête de l'Ordre. Le temple est décoré d'une manière analogue à cette solennité. A l'est, on voit flotter les bannières de la R∴ □∴ de la Clémente Amitié et des Élèves de la Nature ; leurs broderies riches et de bon goût, la décoration élégante du dais cramoisi, placé au-dessus du trône du Vén∴, et les guirlandes de fleurs suspendues à l'Or∴ et sur les parallèles, tout concourt à donner à cette fête un aspect aussi beau qu'imposant.

Le T∴ R∴ F∴ Hall, 18e. degré, Vén∴ tit∴, éclaire l'Or∴ et dirige l'atelier.

Les 2e. et 3e. maillets sont confiés aux bien-aimés FF∴ Buteau et Durocher, 1er. et 2d. Surv∴, chargés de la direction des colonnes du sud et du nord.

L'hon∴ F∴ Laudun, Ex-Maît∴, siége à la droite du Vén∴.

Le F∴ Letellier, adj∴ à l'Orat∴, occupe la chaire.

Le F∴ Duret, Secrét∴ tit∴, tient le burin, et se prépare à tracer, dans leur marche progressive, les travaux du jour.

Le F∴ Pilorge, Trésorier, est à son bureau.

Les autres dignitaires occupent leurs places respectives.

Tous les ouvriers sont distribués au sud et au nord, selon leur rang.

A midi plein, les voûtes du temple retentissent de la triple acclamation mystérieuse, et le Maître de la ☐∴ annonce que les travaux sont ouverts au premier degré.

Le tracé de la dernière séance est présenté à l'atelier ; et, sur les conclusions du F∴ Orat∴, il est sanctionné par les mystères d'usage, après quelques rectifications peu importantes.

Les Maîtres des cérémonies ayant annoncé la présence dans les parvis, d'un grand nombre de visiteurs, les FF∴ Experts remplisent les devoirs de leur charge. Sur l'ordre du Vén∴, les portes du temple sont ouvertes, et les visiteurs sont introduits avec le cérémonial établi en pareille occasion. Ce sont des membres des divers OO∴ de la République et des OO∴ étrangers. Le Vén∴ leur exprime combien la Loge est sensible à cette marque honorable de fraternité : ils les félicite de leurs sentiments de tolérance, et fait tirer une triple batterie en leur honneur. L'un des visiteurs répond à cette allocution, par de nouvelles protestations d'amitié, et l'harmonie vient couvrir les applaudissements.

Les Ill∴ FF∴ Lafargue, 33e. degré, Vén∴ d'honneur, et Decour, 33e. degré, membre honoraire, sont ensuite admis avec les grands honneurs dûs au rang élevé qu'ils occupent dans l'Ordre.

Bientôt une salve d'artillerie annonce le T∴ Ill∴ F∴

Franklin, Représentant du Suprême Conseil de France. Une députation de neuf FF∴, armés de glaives et d'étoiles, ayant à leur tête le F∴ Orat∴ et le 1er. Expert, portant sur un coussin les trois maillets de la Loge et le bouquet symbolique, est envoyée au-devant de ce grand maçon. L'Ill∴ Représentant, accompagné de son honorable cortége, s'avance lentement sous la voûte d'acier, au milieu des cantiques et aux accords d'une musique aussi douce qu'expressive. La vive allégresse que sa présence fait naître, lui donne un nouveau témoignage de la sincère estime que lui portent tous ses FF∴. Le Vén∴, précédé de la bannière de la ☐∴ et environné des grands officiers du rit, vient le recevoir, et le conduit au trône.

Le silence rétabli, ce grand dignitaire de l'Ordre prend la parole et dit :

"Ill∴ FF∴, Vén∴ tit∴, Officiers de cette R∴ Loge, et vous tous, mes FF∴, qui composez l'atelier, ou qui, comme visiteurs, venez embellir les travaux,

„Avant de vous faire entendre l'expression de mes remer- cîments, joignez-vous à moi, et commençons cette journée par adresser nos vœux, au Maître de tout, à Dieu, à ce G∴ Arch∴, de l'U∴, pour qu'il nous conserve le Président d'Haïti, l'Ill∴ F∴ Jean-Pierre BOYER, Grand-Protecteur de l'Ordre ; qu'il rende son administration glorieuse, et qu'il fasse prospérer la République !

„A moi, mes Frères !

„Au Président d'Haïti, par une triple batterie :

„Batterie de respect ! (*tous les FF∴ l'exécutent*) — H∴ ! — H∴ ! — H∴ !

„Batterie d'affection ! (*tous l'exécutent*) — H∴ ! — H∴ ! — H∴ !

„Batterie de dévoûment ! (*tous l'exécutent*) — H∴ ! — H∴ ! — *in æternum* H∴ ! "

Cet hommage fraternel, accueilli et exécuté avec le plus vif enthousiasme, avait électrisé tous les cœurs ; et cet accord des FF∴ de divers rits, justifiait mieux que par des paroles ou des écrits, la justesse de ce titre de Grand-Protecteur de l'Ordre, et le sentiment exquis de l'ill∴ maçon qui, en l'acceptant, n'a voulu voir que des FF.·. dans tous les adeptes, quelle que fût la différence de leurs régimes.

Ce premier devoir accompli, l'Ill.·. Représentant, dans un discours improvisé dont il est à regretter de n'avoir pu recueillir que quelques fragments, félicite la R.·. Loge sur le degré d'accroissement et de splendeur qu'elle acquiert de jour en jour ; il l'attribue aux principes d'union, de confiance, de tolérance et de modération que professent les FF.·..

" C'est à ces principes fermes et invariables (dit-il), que vous devez la faveur que vous a faite une Loge, célèbre par de glorieux débats, en vous proposant un lien d'affiliation. En l'acceptant avec la franchise et la cordialité qui vous l'offraient, vous avez marché avec le sentiment d'une bonne conscience, et vous avez dû la célébrer avec l'éclat qui convient aux travaux des Élèves de la Nature.

,, C'est, d'ailleurs, par cette publicité de nos solennelles réunions, que nous répondrons à la malveillance, à l'absurdité et à l'erreur. Citoyens fidèles à la voix de la Patrie, soumis aux lois, respectant les divers pouvoirs, les Maçons écossais forment ces familles de FF.·., n'ayant pour but que l'exercice de quelques vertus, et ne s'occupant jamais des incertitudes politiques qui agitent le monde profane. "

L'Ill.·. Représentant rappelle à l'atelier les paroles flatteuses qu'il avait été chargé de lui transmettre, au nom du Sup.·. Cons.·., par un bal.·. de l'Ill.·. F.·. Jubé, Chef du Secrétariat général du St. Empire, dont il a donné communication dans une précédente tenue. Il engage les FF.·. à persévérer dans la noble carrière philosophique qu'ils parcourent avec succès, et termine par les prier d'agréer le tribut de ses remercîments, par une triple batterie de dévoûment, de reconnaissance et d'attachement fraternel.

Ce discours, où les Élèves de la Nature trouvent une nouvelle preuve de la paternelle sollicitude que l'Ill.·. Représentant porte à raviver leurs travaux, cause la plus vive satisfaction. Des applaudissements, partis de tous les points du triangle, rendent d'une manière plus éloquente, les transports de joie qu'éprouvent tous les cœurs.

Après ce moment d'exaltation, l'Ill.·. Représentant remet au

Vén.·. tit.·. le maillet de direction , et prend place sur un trône
à sa droite.

Les travaux reprenant leur cours , le Vén.·. annonce la
principale cérémonie de la fête , celle de l'installation des nouveaux officiers dignitaires. L'ex-Maître occupe le trône , et
se dispose à réaliser les vœux de l'atelier, qui , pour récom-
penser le zèle et les talents dont le F.·. Hall a fait preuve
dans la conduite des travaux de l'année expirée , a bien voulu
le placer de nouveau à sa tête. Cet estimable F.·., qui avait
couvert le temple, est en conséquence introduit , avec les solennités prescrites. Après avoir rempli toutes les conditions qui se
rattachent à l'intelligence des hautes fonctions qui vont lui être
confiées , il parvient à l'O.·., et prête l'obligation solennelle
de vénérable. L'ex-Maître , qui a reçu ce serment, le sacre,
aidé des Maît.·. des cérémonies , et le fait proclamer dans toutes
les parties de l'enceinte. Des applaudissements unanimes témoignent la satisfaction de tous les FF.·. , et sont couverts par
les accords d'une touchante harmonie.

Le Vén.·. réinstallé, exprime la gratitude dont le pénètre
l'insigne faveur qu'il reçoit ; il promet de faire tous ses efforts
pour justifier de nouveau le choix et l'attente de la R.·. Loge.
L'ex-Maît.·. fait applaudir à ce discours.

Chaque F.·. ayant repris sa place, le Vén.·. annonce qu'il est
l'heure d'assister à la messe du jour , qui doit être chantée en
l'honneur du patron de l'Ordre.

Les Surv.·. préviennent leurs colonnes respectives ; et l'assemblée, dans le plus grand ordre, se rend à l'église. Là, dans
un pieux recueillement , les FF.·. prennent part à l'office divin ,
et rendent de ferventes actions de grâces à l'Auteur de toutes
choses , pour les bienfaits qu'il répand chaque jour sur tous les
êtres qui habitent la grande loge terrestre. La charité , cette
vertu touchante si chère aux enfants de la veuve , est pratiquée
avec un empressement religieux. Deux filles de maçons ont re-
cueilli les offrandes , et le montant en est aussitôt distribué aux
pauvres qui , ce jour-là , ne manquent jamais de se trouver sous
le porche du temple.

De retour en loge, le Vén.·. poursuit l'installation des autres
officiers dignitaires. Les RR.·. FF.·. Letellier et Massieu , ayant
été nommés 1er. et 2d. Surv.·., sont introduits. Ils prêtent le

serment requis, le Vén.·. les fait installer avec les cérémonies d'usage, et ils sont proclamés à l'O.·. et sur les colonnes par une triple et joyeuse batterie.

Le F.·. Letellier remercie, tant en son nom qu'au nom du F.·. Massieu ; à cette occasion, il fait hommage à l'atelier d'un balustre dont le style, à la fois naturel et correct, fait honneur aux connaissances théoriques de ce F.·. dans l'Art Royal. L'atelier couvre cette pièce de ses applaudissements.

Successivement, le Vén.·. installe et fait reconnaître les FF.·. Berryer, Orat.·. ; Pilorge fils, Secrét.·., Garde des sceaux et archives ; Gaspard Boze, Trésorier ; Dasque, 1er. Expert et Architecte-Vérificateur ; Salgues, 2d. Expert ; Jason, Hospitalier ; Ducoste et Duret, 1er. et 2d. Maîtres des cérémonies ; Durocher, Maître des Banquets ; Lagroue et Douyon, 1er. et 2d. Diacres ; Trichet, Porte-Etendard ; Gabriel, Porte-Epée, et Gayau, Garde du Temple.

Ces diverses consécrations sont applaudies. Les nouveaux promus expriment leurs remercîments, en des termes aussi bienveillants que maçonniques.

L'installation des officiers terminée, le F.·. Orat.·., sur la réquisition de l'Ex-Maître, prête, au nom de toute la Loge, le serment d'obéissance au Vén.·. et aux Surv.·., en conformité de l'article 18 des réglements généraux.

Le Vén.·. ayant ensuite donné la parole à l'Orat.·., cet honorable F.·. s'exprime ainsi :

Discours du F.·. Orateur.

'' Appelé par votre suffrage, à occuper cette chaire qui à la dernière solennité de la St. Jean, retentissait encore des accents éloquents d'un F.·., long-temps le soutien, le défenseur de l'écossisme en Haïti, ma tâche sera difficile à remplir ; et ce n'est qu'avec une extrême défiance de moi-même, et comptant sur votre indulgence accoutumée, que j'oserai vous entretenir un instant, dans cette fête consacrée à la gloire de l'Art Royal, des principes essentiels sur lesquels repose la maçonnerie, et du grand et précieux résultat auquel elle tend, en dépit de ses détracteurs et de ceux qui, croyant en connaître l'esprit, déclament en aveugles ou avec mauvaise foi, contre ses dogmes salutaires. — Lorsque le but et les principes de notre Institution sacrée, lorsque les dogmes qui font la gloire et la solidité de l'écossisme, vous auront été rappelés ; alors, mes FF··., si quelques insinuations mal fondées ont pu être suggérées à quelques-uns d'entre nous, leurs esprits rassurés repousseront le doute et la méfiance, ennemis de la franchise et de la joie, et une vive et pure allégresse, une allégresse générale, présidera à l'auguste cérémonie qui nous rassemble.

„ La Maçonnerie est l'étude de la sagesse et de la vérité. Elle est universelle ; elle appartient à tous les pays. Semblable à l'astre brillant qui éclaire toutes les parties du globe, elle est à tous, elle n'est le bien exclusif d'aucun. Vouloir en faire une institution locale, c'est la méconnaître, c'est la détruire en quelque sorte, c'est la priver de sa puissance, de ses moyens de contribuer au bonheur de l'homme ; c'est en faire l'instrument des passions qu'elle a pour but de réprimer ; c'est la réduire à de vaines pratiques, qui ne présenteraient bientôt plus qu'erreur au lieu de vérité. Répandue sur toute la surface de la terre, elle ne connaît ni bornes, ni distances ; elle surmonte tous les obstacles ; rien ne peut arrêter les progrès de cette sublime philosophie qui fait de tous les hommes des frères, et les porte à s'aimer, à se secourir au besoin, et à s'éclairer mutuellement. Ainsi, les savants, en tout temps et partout, profitent de leurs découvertes réciproques, et forment une république universelle, unie et forte, dont les membres s'aiment, s'estiment et s'éclairent, malgré les fureurs qui divisent les humains, et portent les peuples ignorants à s'entre-détruire.

„ Une institution qui a pour but le bonheur de l'homme, de cet être intelligent, chef-d'œuvre de la nature ; qui lui impose le devoir sacré d'aimer son semblable, qui combat, sans effusion de sang, l'ignorance, le fanatisme et la superstition, fléaux destructeurs de l'humanité ; cette institution n'est-elle pas sublime ? .... Quels sont donc ses moyens pour parvenir à un si grand résultat ? ... L'intelligence de vos travaux, celle des emblèmes qui vous ont été expliqués dans les divers grades que vous avez parcourus, et le souvenir des maximes qu'ils consacrent et qui doivent être inculquées dans vos esprits, par la pratique de vos travaux, vous expliqueraient ces moyens, s'ils n'étaient développés dans les dogmes précieux et sublimes qui se trouvent consignés dans nos réglements généraux , et qui composent la constitution de l'écossisme.

,, Les réglements de 1762 , ceux de 1786 qui les confirment et qui ne sont eux-mêmes que des dérivations des chartes antiques des sociétés maçonniques dont l'origine remonte aux temps les plus reculés ; ces réglements que le Sup∴ Cons∴ a dû s'imposer comme loi constitutive , qui sont consacrés par tous ses actes dont le recueil est en nos mains , proclament assez haut les principes de l'écossisme. Amour de l'humanité , justice , bienfaisance , tolérance : tels sont ces principes.

.. Loin de nous les intérêts de la politique et les discussions religieuses ; de tels sujets ne peuvent occuper notre société. Ils nous constitueraient coupables de la violation de nos réglements les plus sacrés , et nous placeraient dans le cas de la loge des *Amis de la Liberté* , qui, pour s'être mêlée de politique , a été fermée et rayée du tableau du Sup∴ Cons∴ , ainsi que vous l'avez vu par le décret rendu par cette puissance , le 15 août dernier.

,, C'est dans ces principes qui nous seront toujours chers , que nous avons contracté union et alliance avec les ateliers de la Clémente Amitié ; avec cette Loge qui a éprouvé les mêmes persécutions que nous , qui y a résisté avec la même constance , et dont le triomphe fait époque dans l'ère maçonnique. Des pactes de même nature ont été cimentés entre ce corps illustre et des loges hollandaise , suisse et bavaroise , également recommandables par leurs lumières et leur zèle maçonniques. Est-ce donc une innovation , un événement étranger à l'esprit de l'Ordre ?... Autrefois , il est vrai , les affiliations se bornaient à l'admission dans le sein d'une loge , comme membre actif ou honoraire , d'un F∴ d'un orient étranger. Aujourd'hui , nous sommes dans le siècle des progrès : les alliances se pratiquent de loge à loge ; elles se pratiquent même de puissance à puissance.

,, Toutes les sociétés maçonniques , entrant dans l'esprit véritable de l'institution , veulent se donner la main , et former en grand , d'un bout du monde à l'autre , cette chaîne d'union que nous formons dans nos ateliers privés. Grande et sublime idée qui démontre que la maçonnerie est un lien universel , qui unira un jour tous les peuples , et les rangera dans un même culte philosophique !

SUPPLÉMENT AU TABLEAU

DES

ATELIERS DE LA CORRESPONDANCE.

R∴ □∴ DE L'ESPERANCE , O∴ de Berne (Suisse).

Garant d'Amitié de la Loge Haïtienne :
LE F∴ N.... , Vén∴ de l'Espérance.

Garant d'Amitié de la Loge Suisse :
L'ILL∴ F∴ LAFARGUE , 33e. degré.

R∴ □∴ DES TROIS-FLECHES , O∴ de Nuremberg (Bavière).

Garant d'Amitié de la Loge Haïtienne :
LE F∴ AURNHEIMER (Carle-Christian-Frédérich).

Garant d'Amitié de la Loge Bavaroise :
L'ILL∴ F∴ FRANKLIN , 33e. degré.

R∴ □∴ WUILLEM-FREDERICH , O∴ d'Amsterdam (Hollande).

Garant d'Amitié de la Loge Haïtienne :
LE R∴ F∴ W. C. VINKENBOS.

Garant d'Amitié de la Loge Hollandaise :
L'HON∴ F∴ LAUDUN , 30e. degré.

R∴ □∴ DE LA PHILANTROPIE , O∴ de Saint-Quentin.

Garant d'Amitié des Élèves de la Nature :
L'HON∴ F∴ QUENTIN (Charles) , 30e. degré.

Garant d'Amitié de la Philantropie :
L'HON∴ F∴ BUTEAU , 30e. degré.

Toutes les santés d'obligation, d'affection et de convenance, sont successivement portées avec l'effusion des sentiments les plus maçonniques.

La première, celle de S. E. le Président d'Haïti, l'Ill.·. F.·. Jean-Pierre Boyer, Grand-Protecteur de l'Ordre, et de son auguste famille, est tirée avec le feu le plus pur d'un dévoûment sincère et d'une profonde vénération. Elle est accompagnée de vœux pour la Patrie, pour sa gloire, et pour la prospérité publique. Un air national est exécuté par la colonne d'harmonie.

A cette santé succède celle du Suprême Conseil de France, notre puissance constitutive, à laquelle on a joint celle de l'Ill.·. Représentant de ce sénat maçonn.·. écoss.·., celle du G.·. O.·. d'Haïti et des Suprêmes Conseils et GG.·. OO.·. étrangers. '' Puissent, dit le Vén.·. , l'union, la paix et la tolérance habiter parmi les membres de la grande famille! alors, et seulement alors, la Maçonnerie pourra atteindre sans obstacle le but éminemment philosophique qu'elle se propose ! ''

Après plusieurs autres santés, celle qui embrasse tous les maçons, épars sur les deux hémisphères, quelle que soit la position d'état, de santé, de fortune, d'heur ou de malheur, où ils se trouvent, a été portée avec l'apparat religieux qui lui est propre, accompagné du cantique consacré, et soutenu par l'harmonie la plus attendrissante.

La chaîne mystique, l'accolade fraternelle et la révélation de la parole viennent terminer cette journée mémorable. Les FF.·. rendent hommage au G.·. A.·. de l'U.·. , et se retirent en paix.

(Suivent les signatures.)

Vu par nous Orat.·.
de la R.·. ☐.·. ,

P. BERRYER , 32e.

Par mandement de la R.·. Loge :
Le Secrét.·. , G.·. des Sceaux ,

PILORGE FILS , 18e.